I0489199

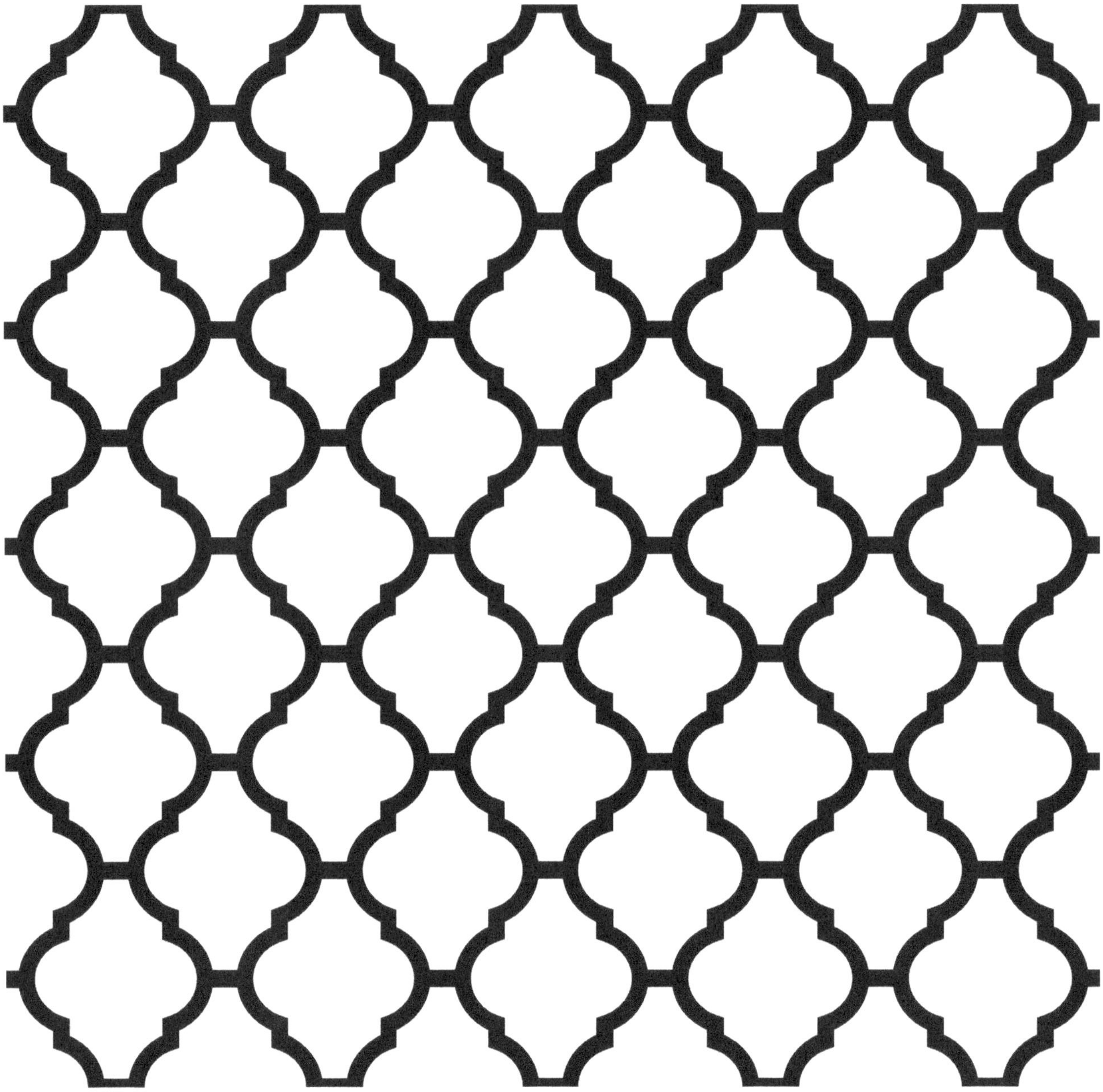

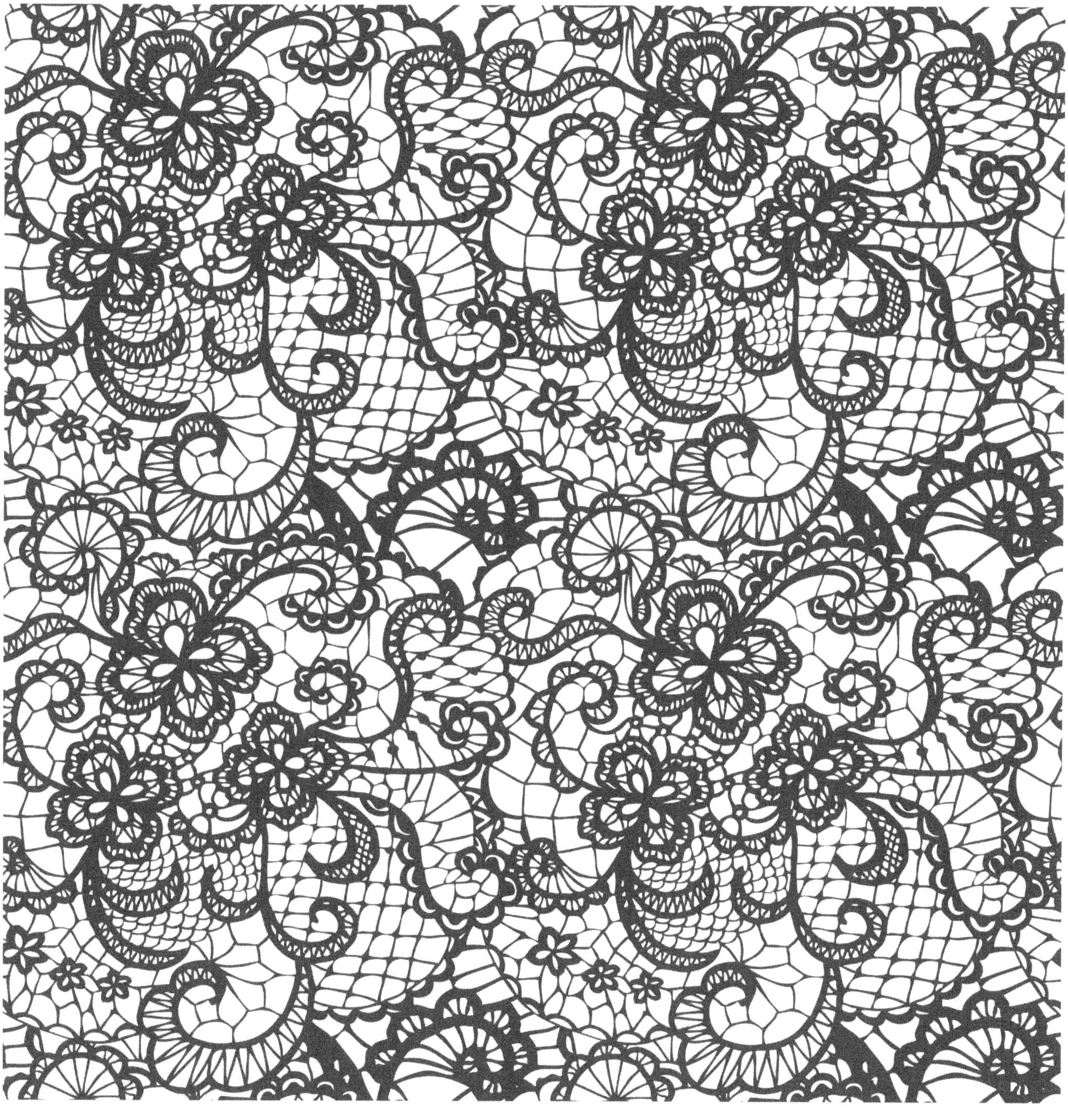

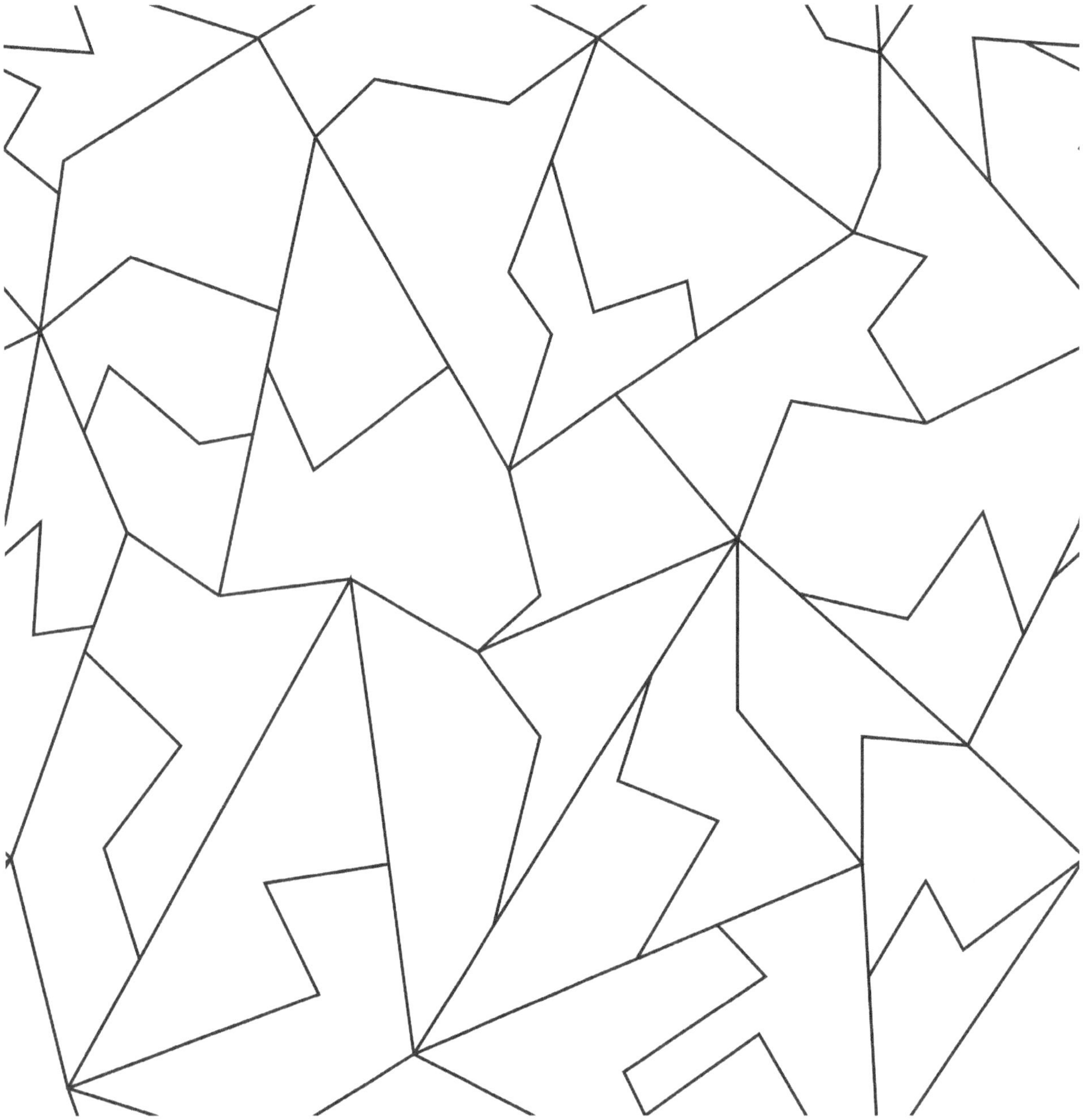

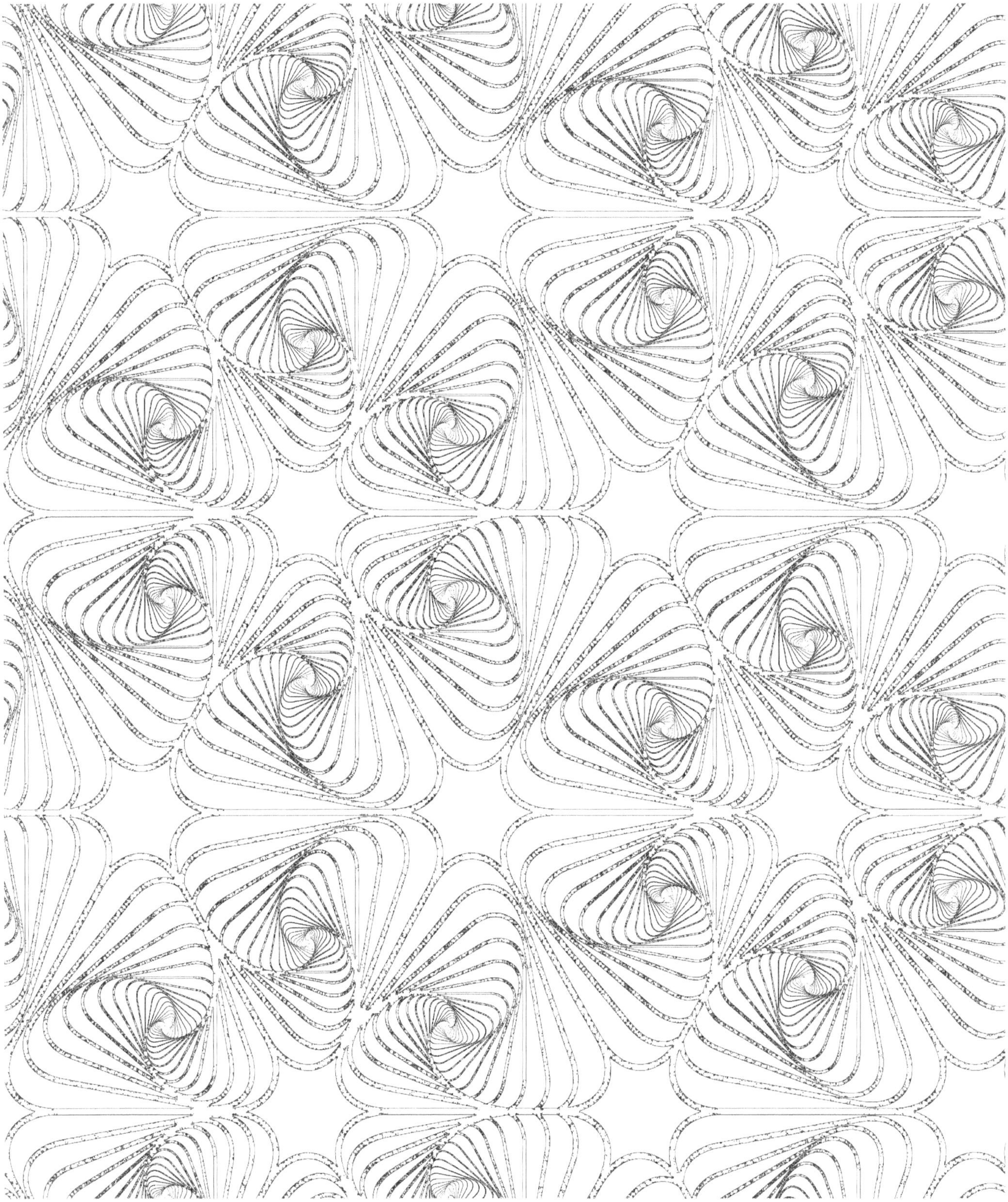

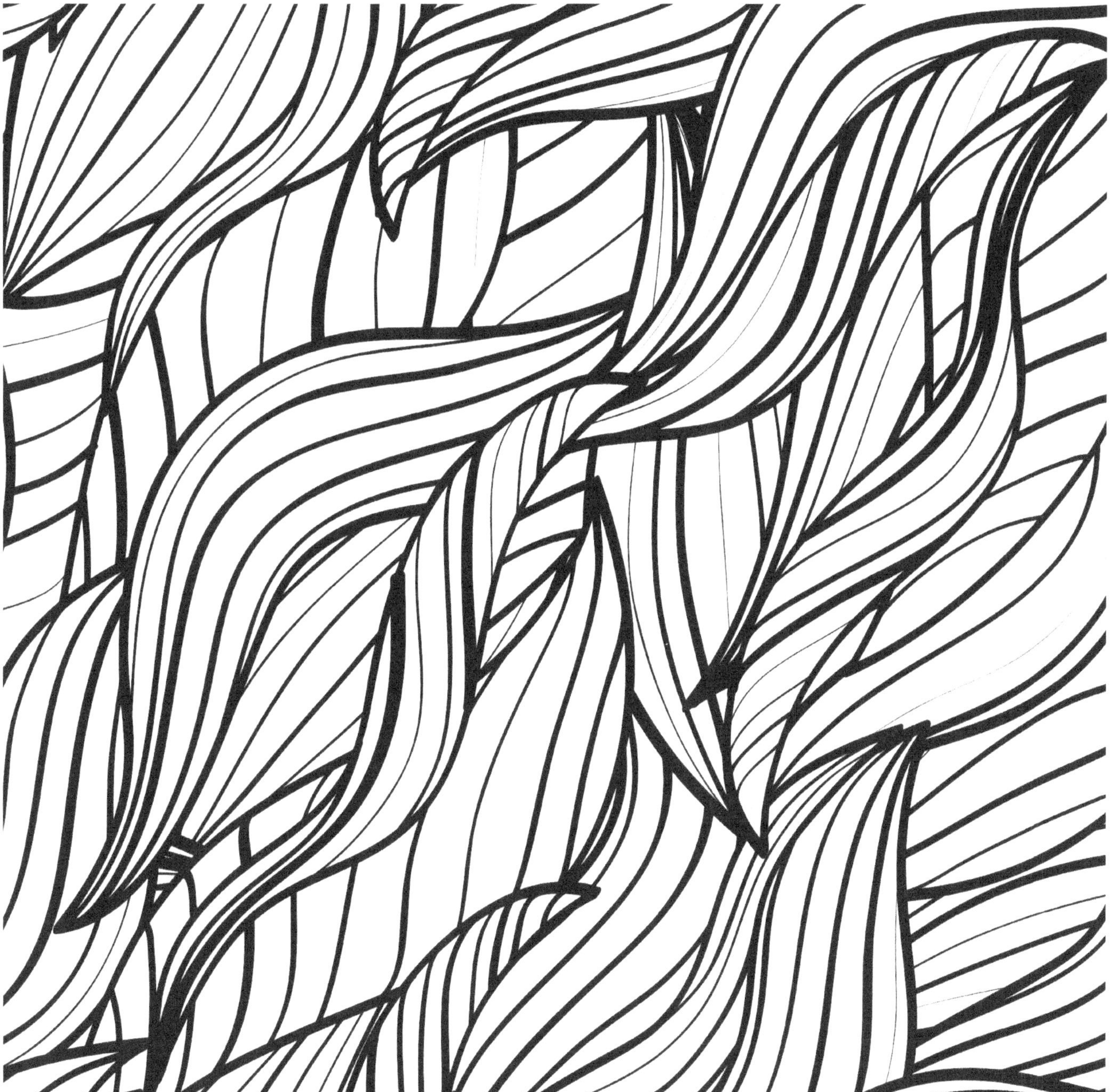

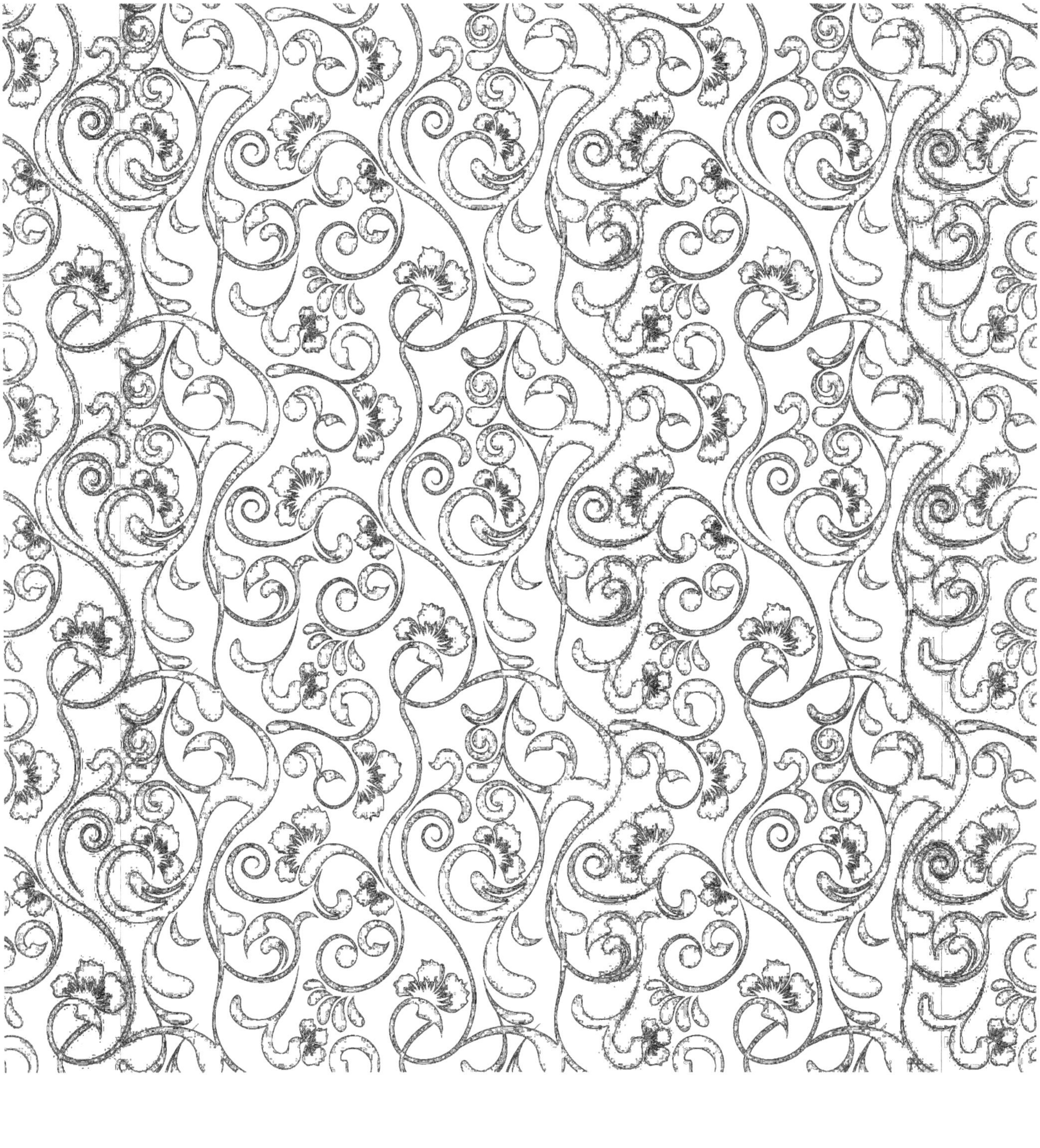

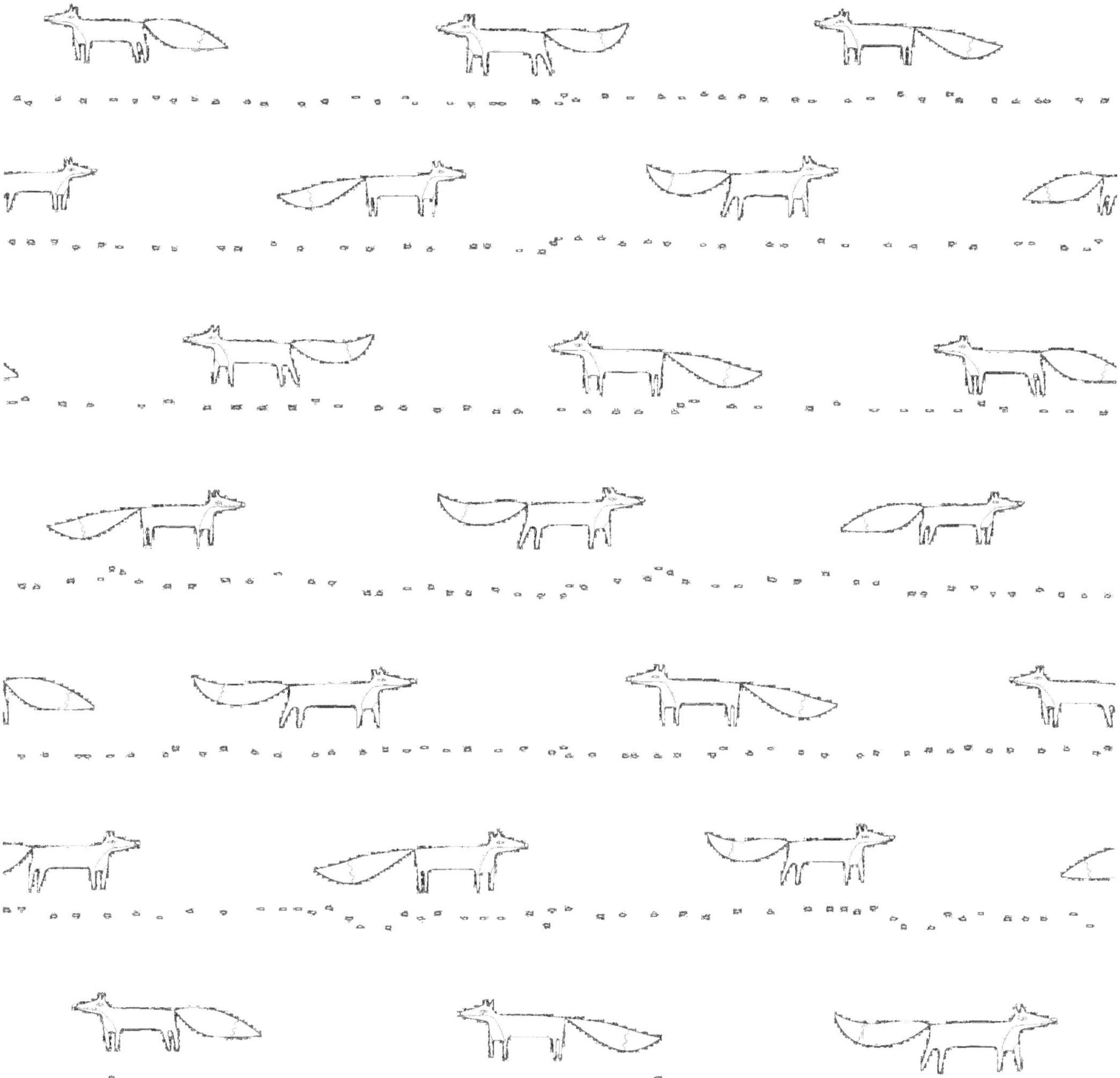

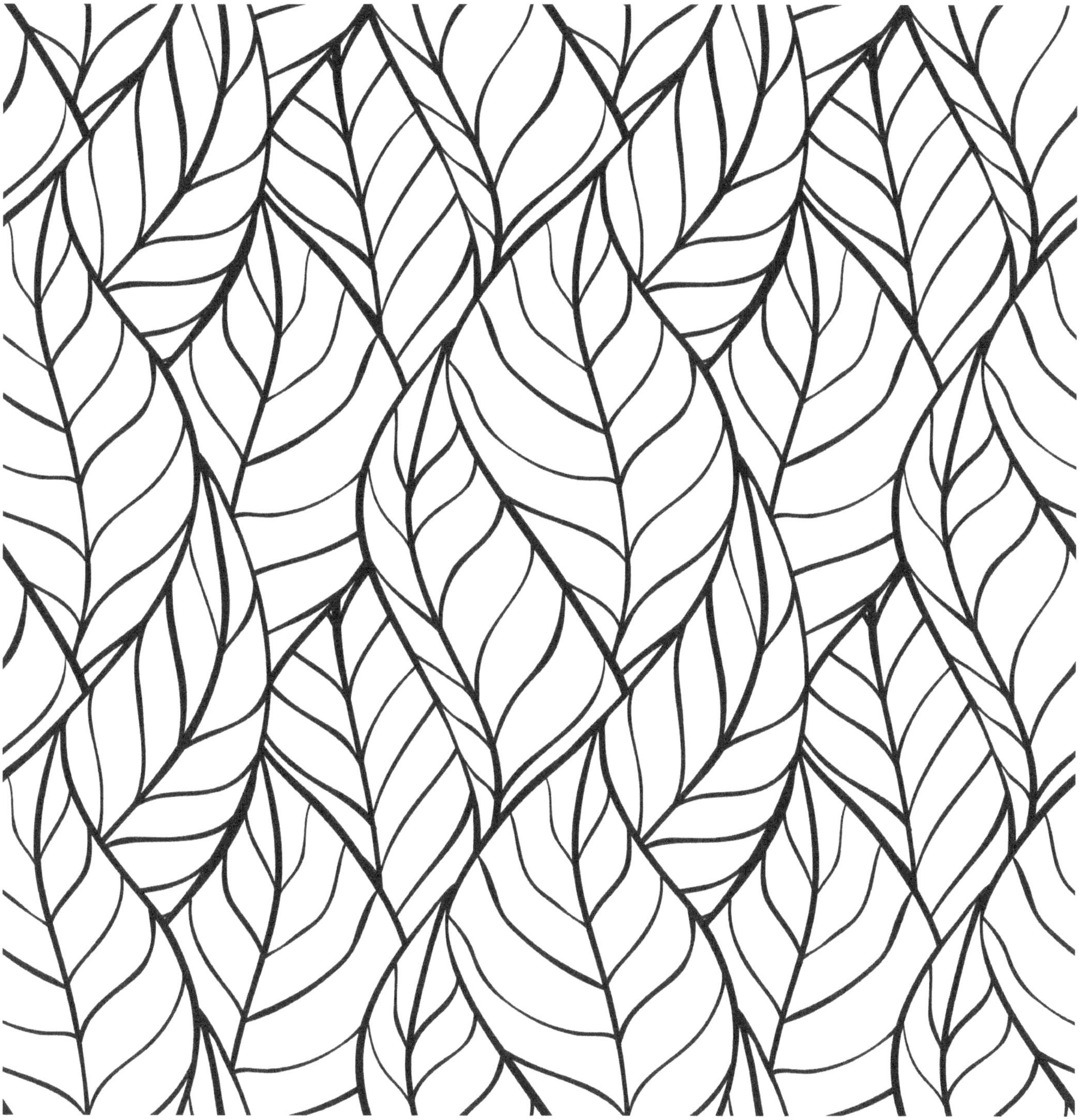

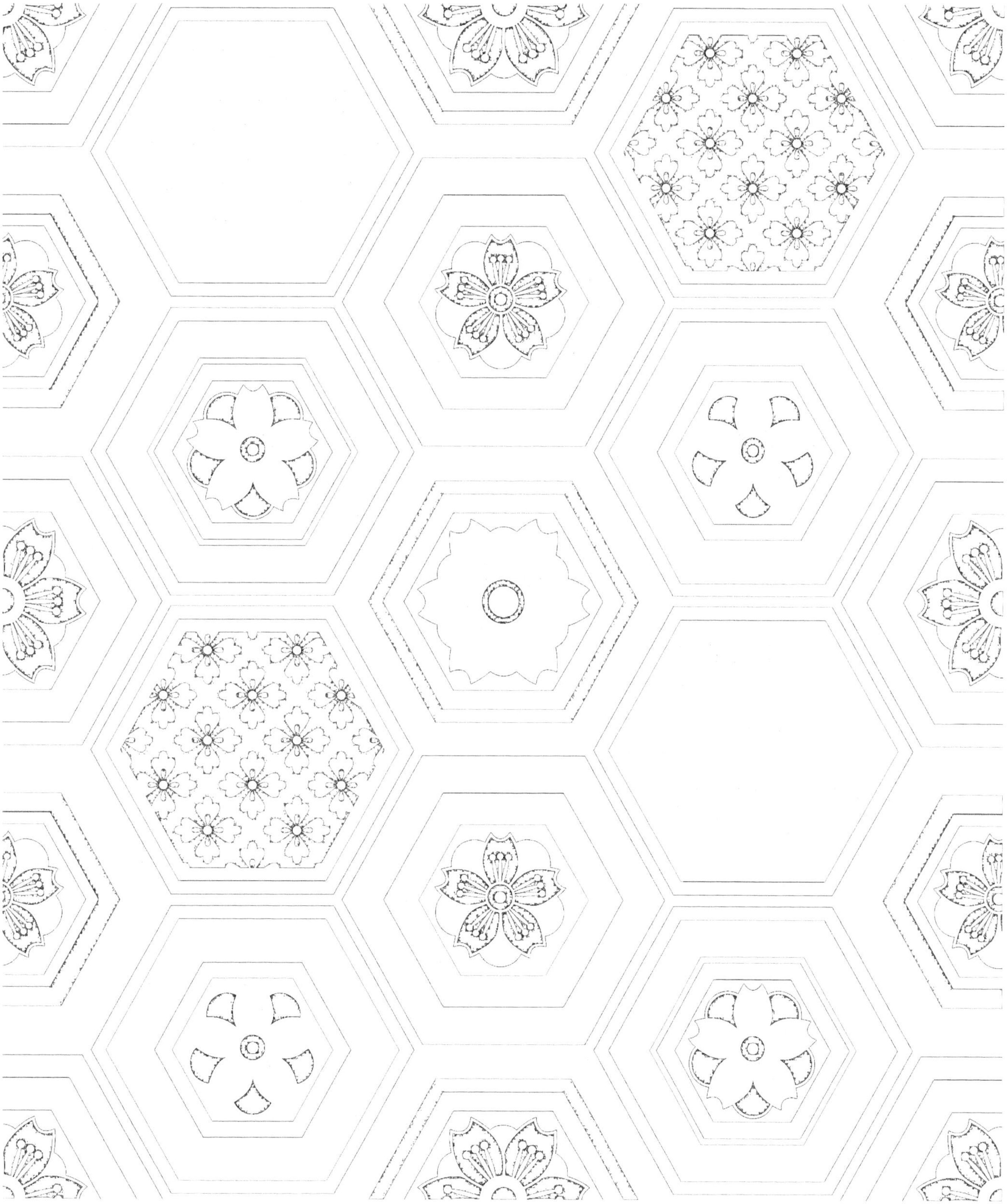

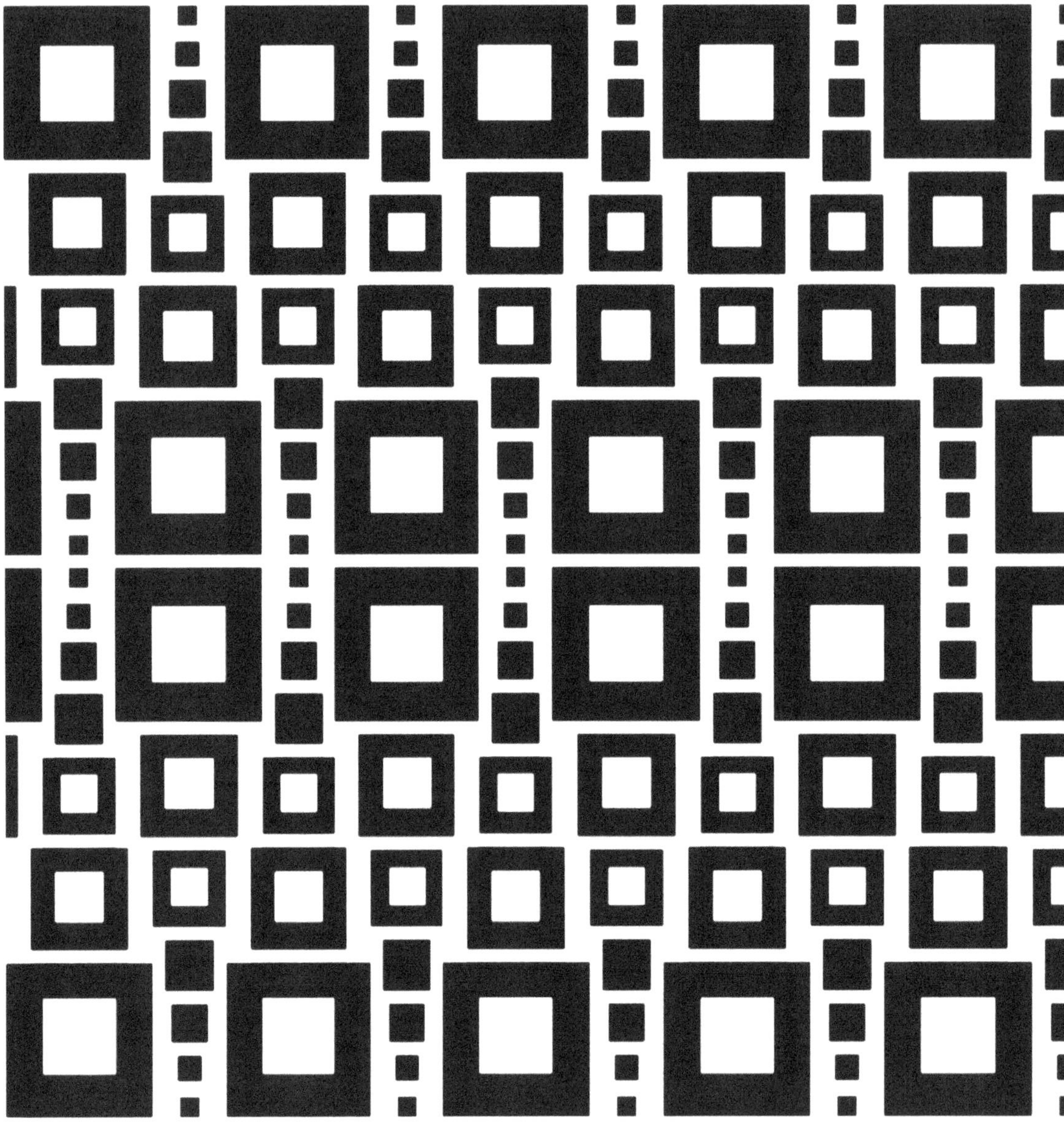

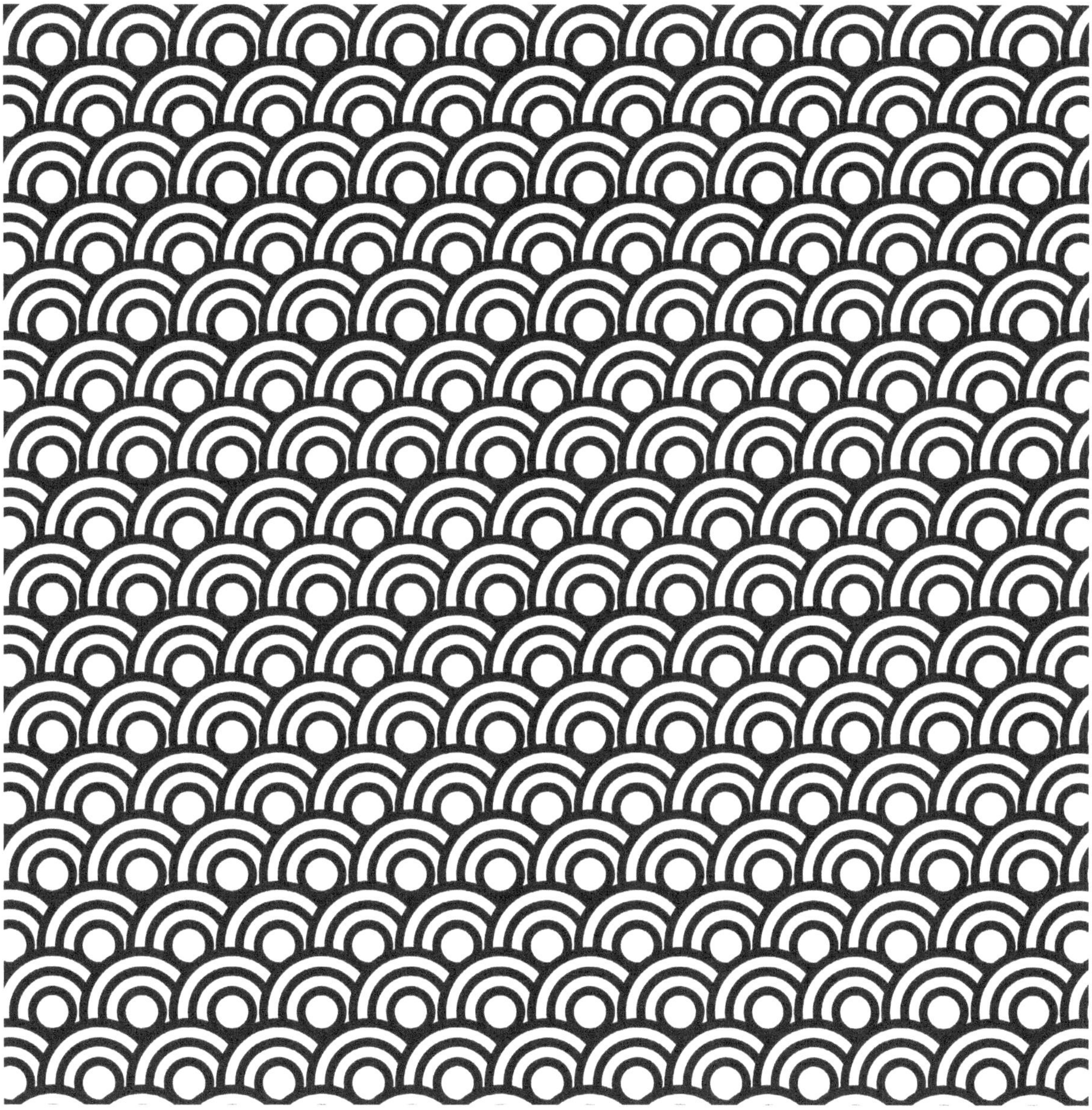

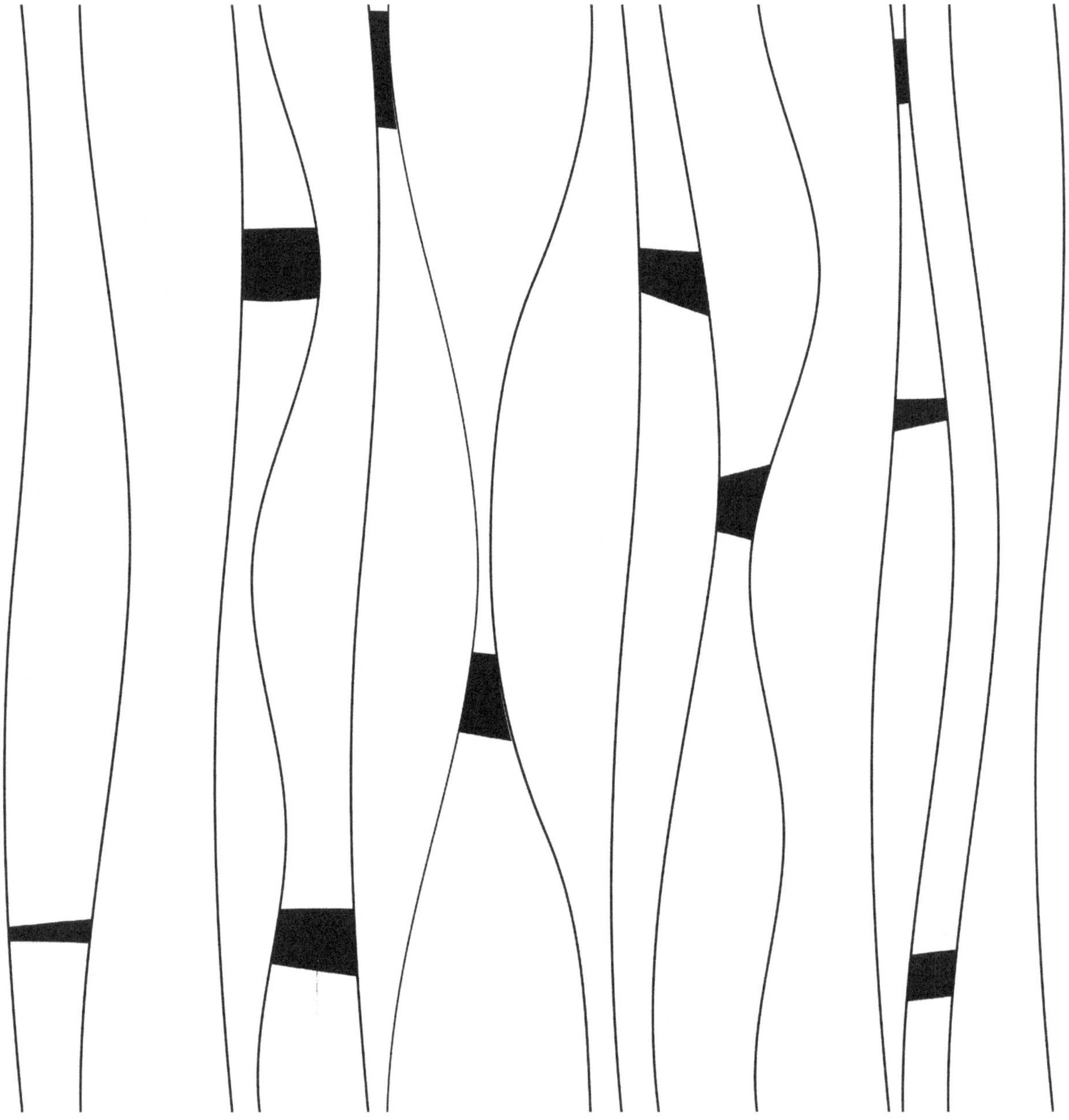

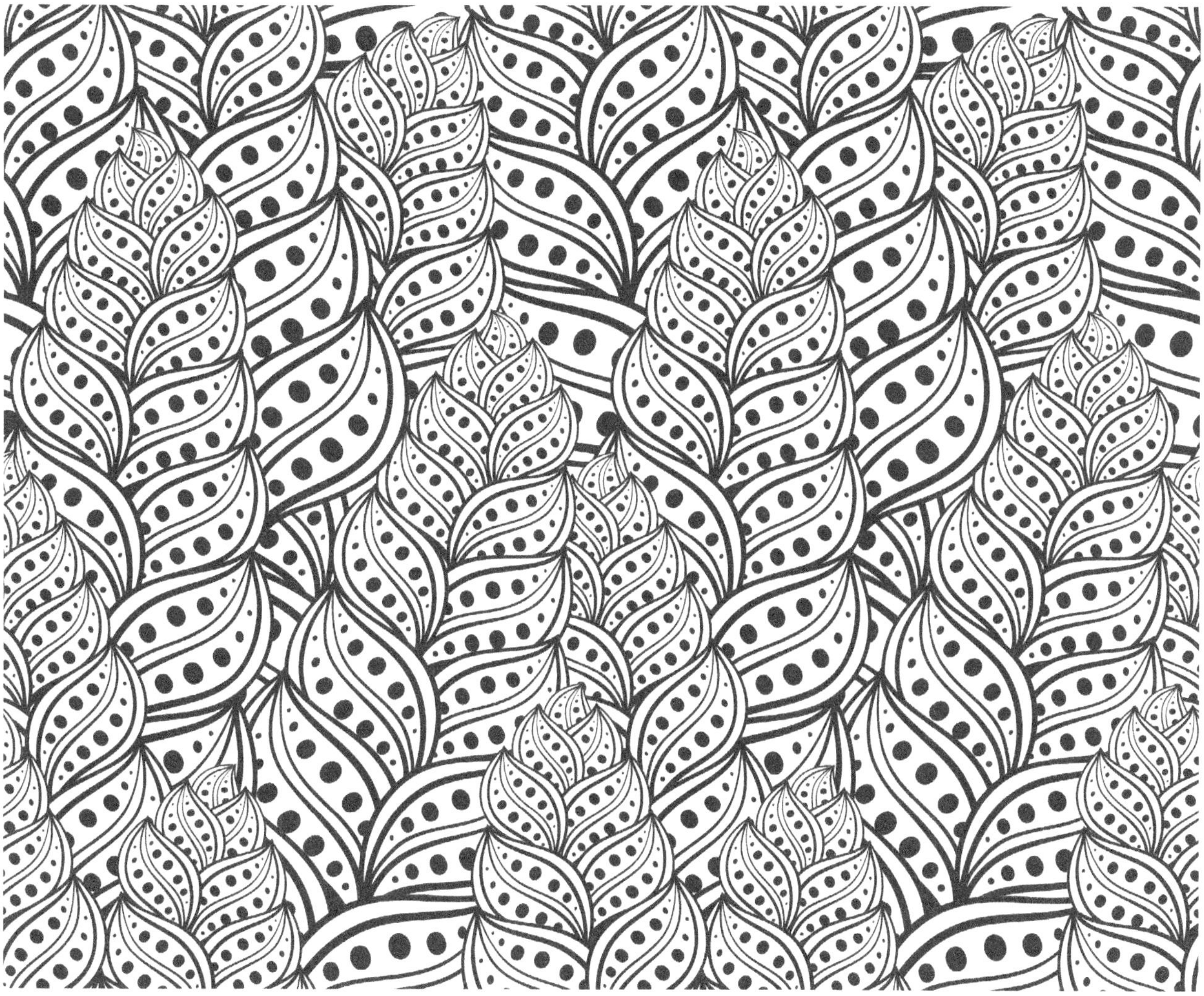

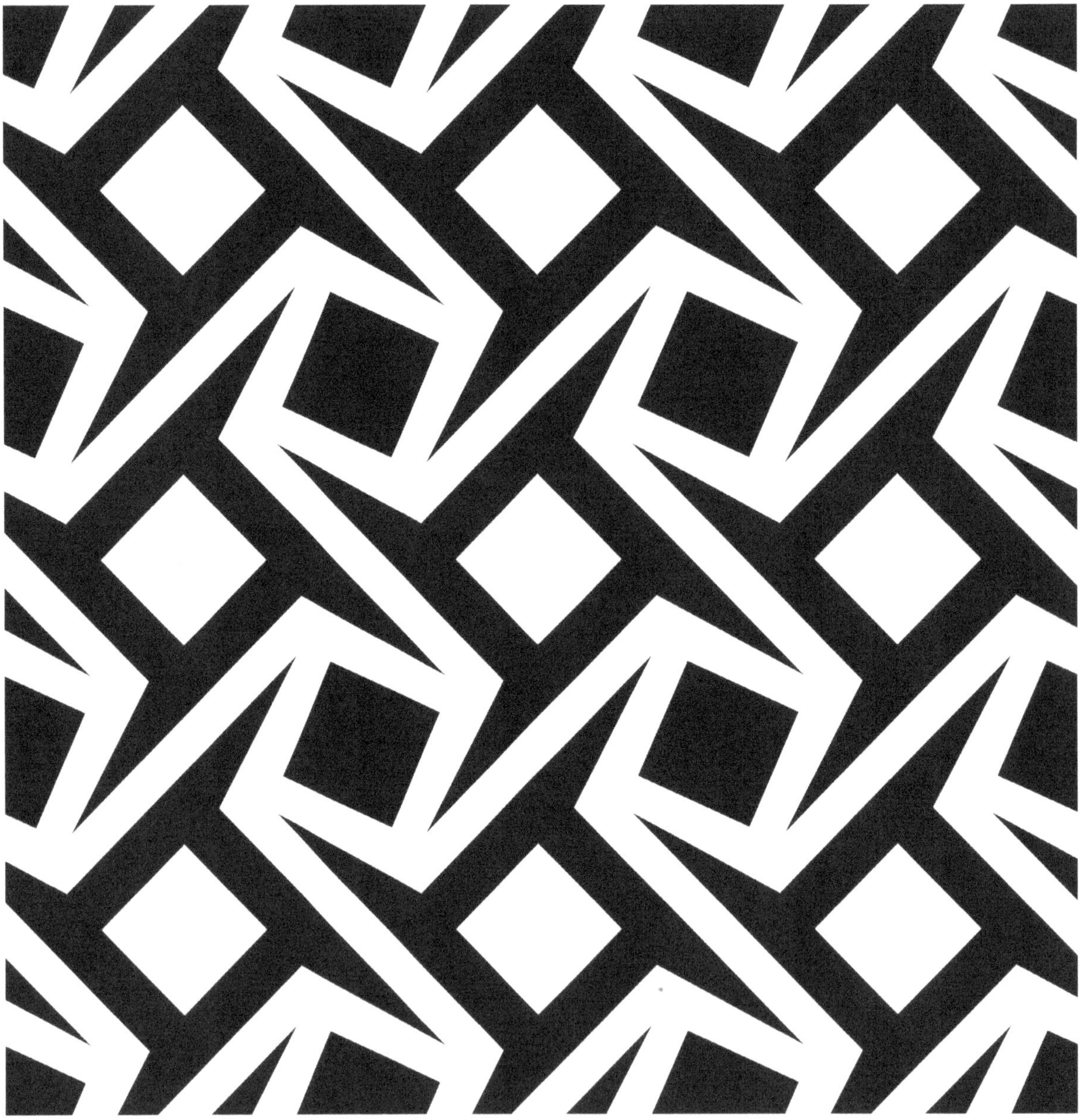

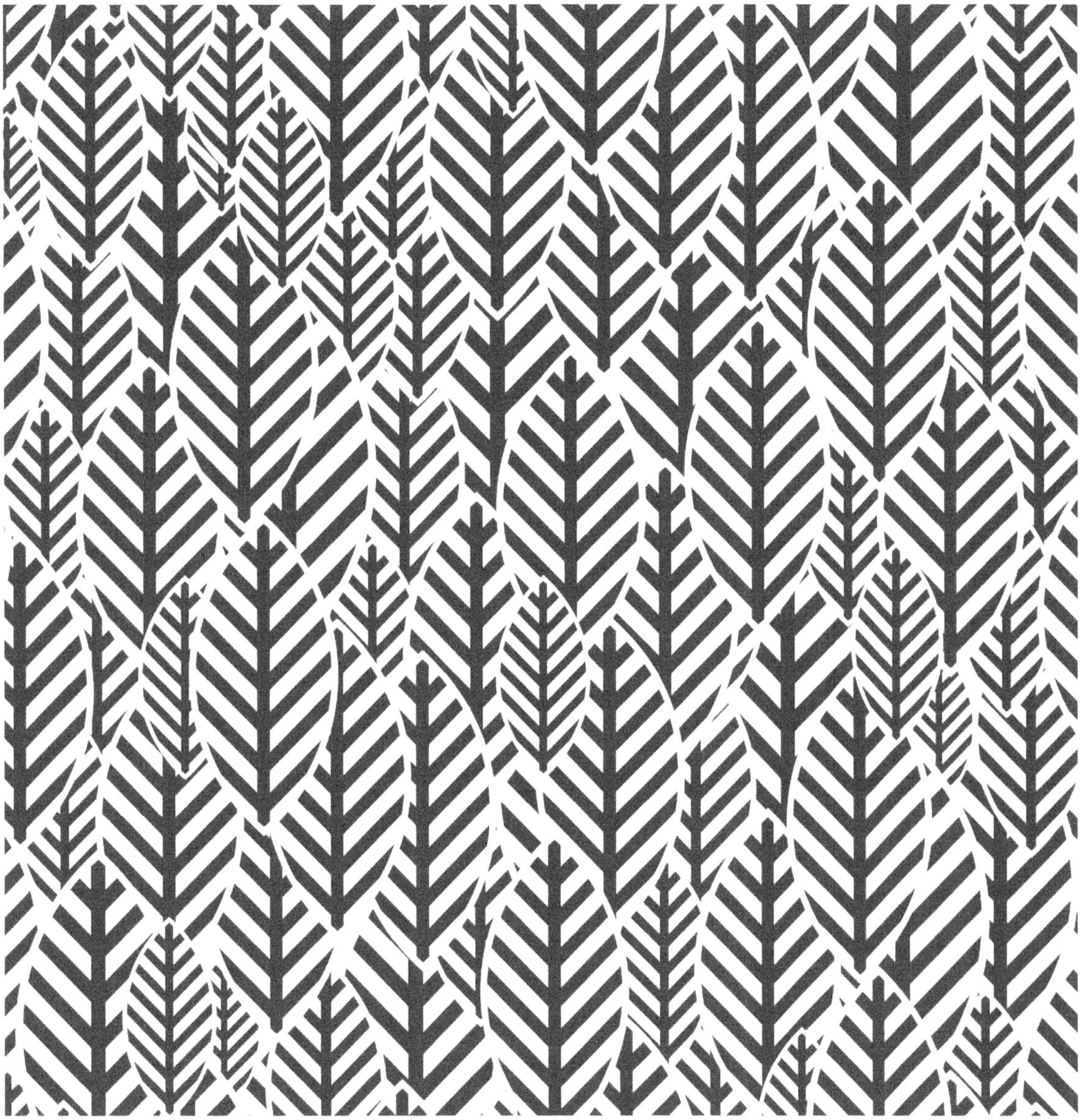

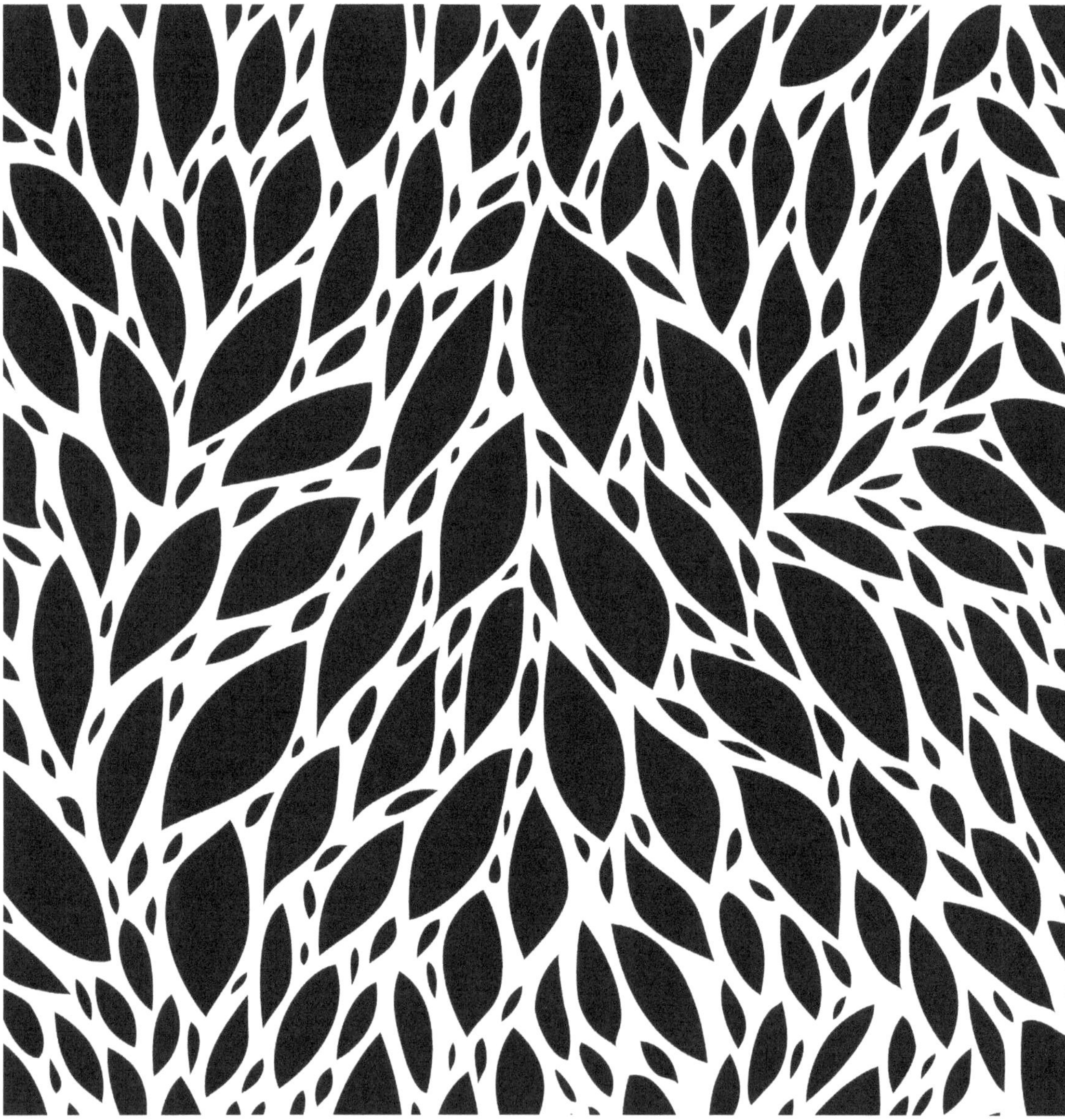

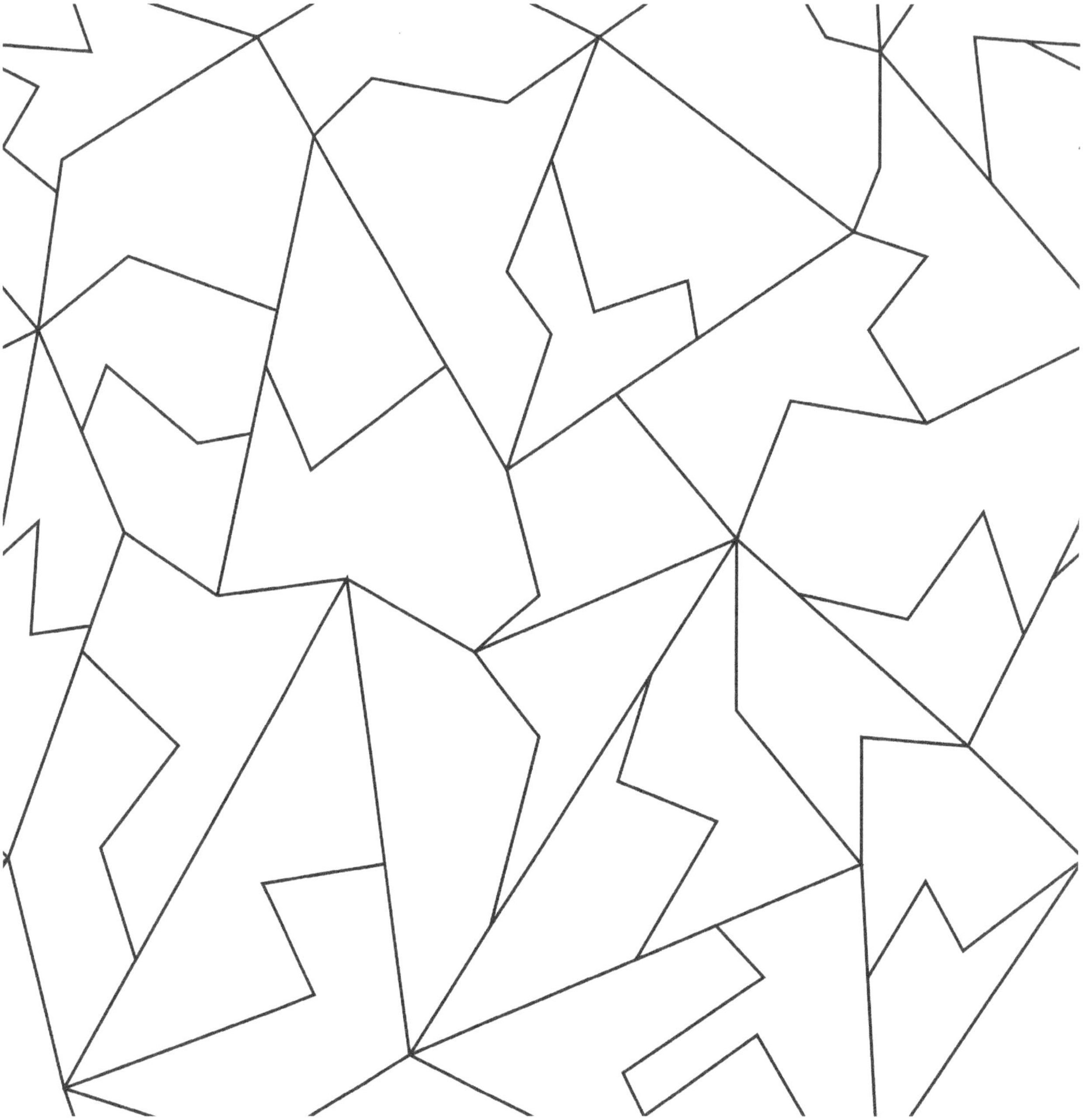

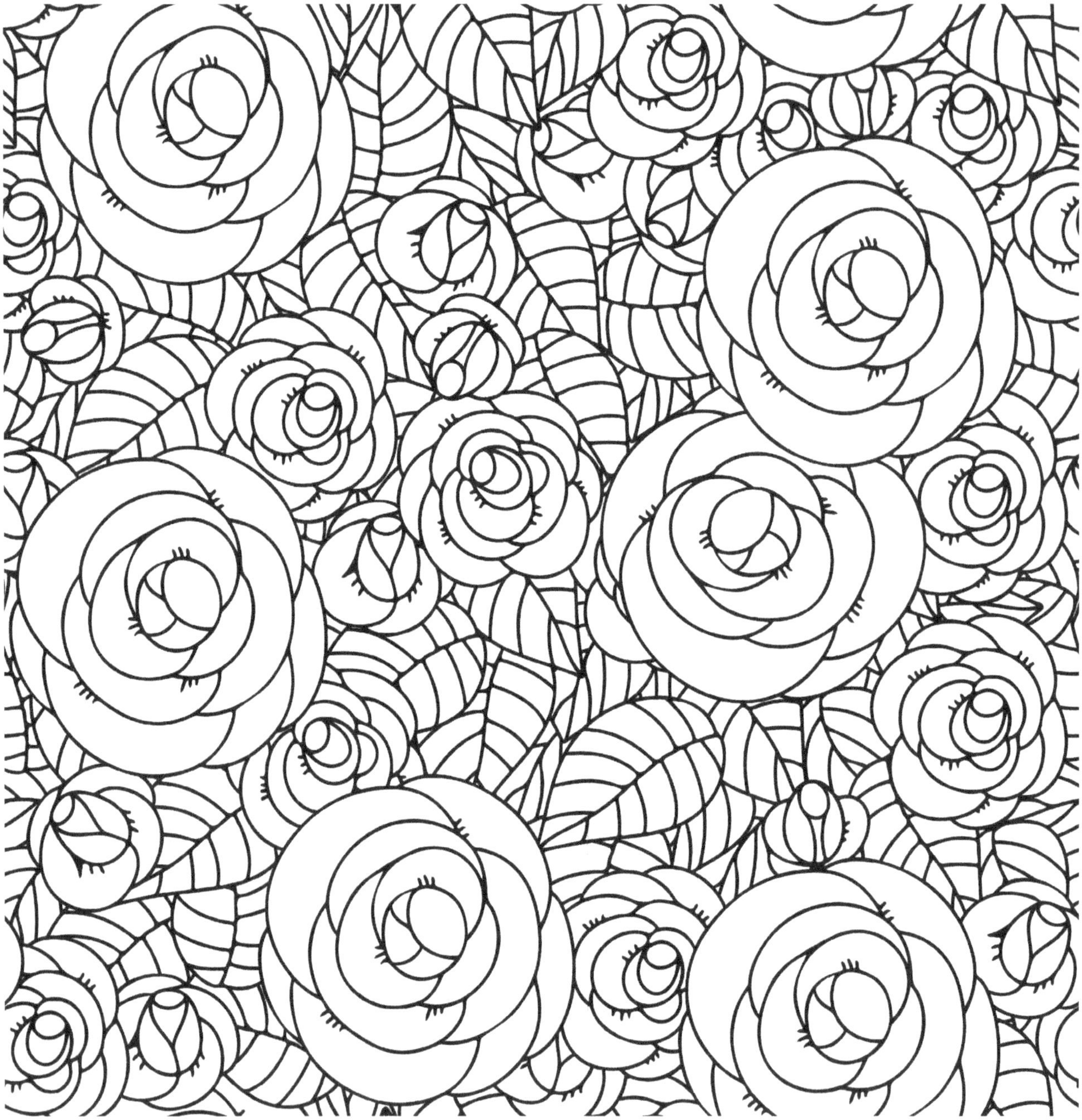

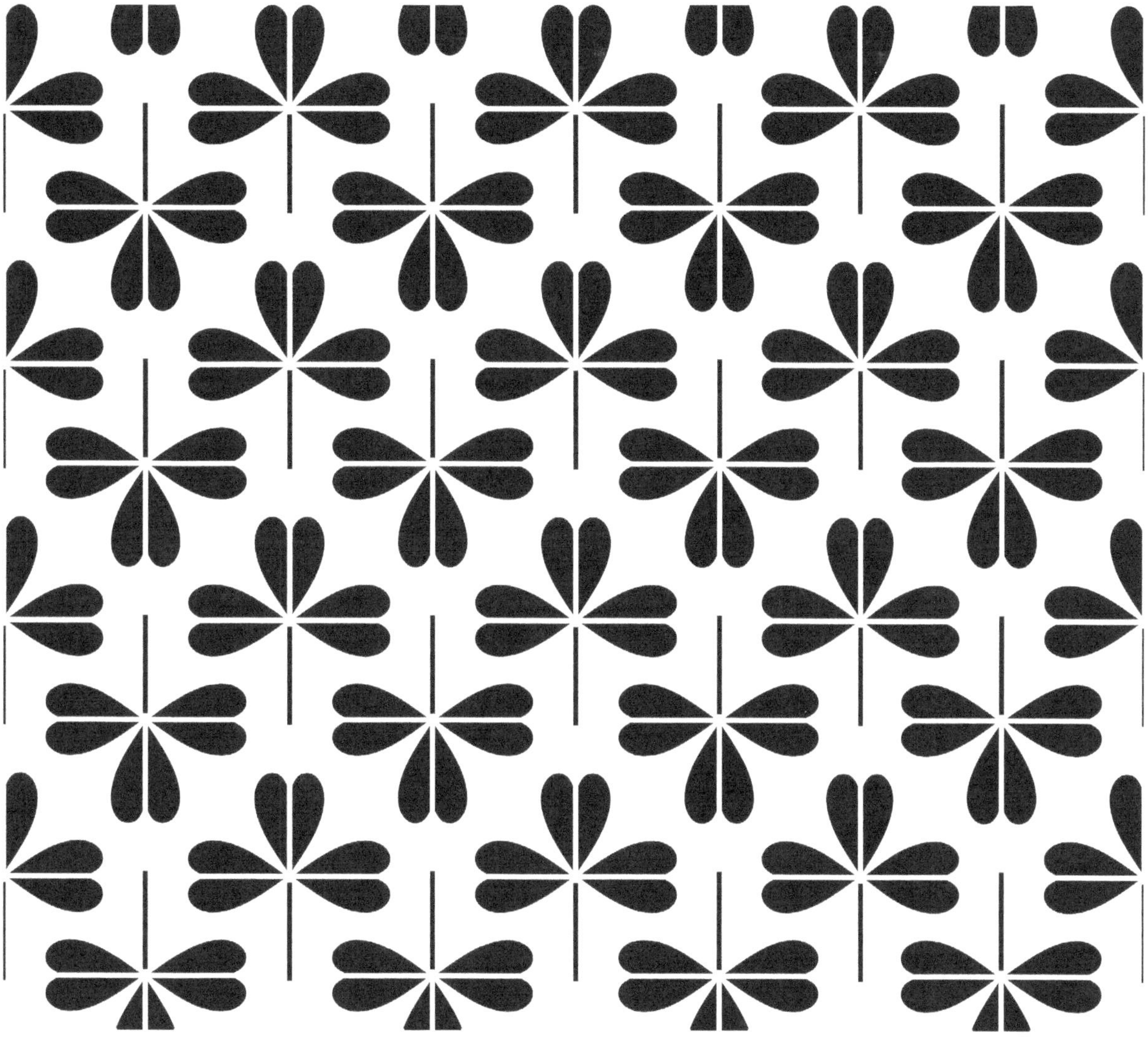

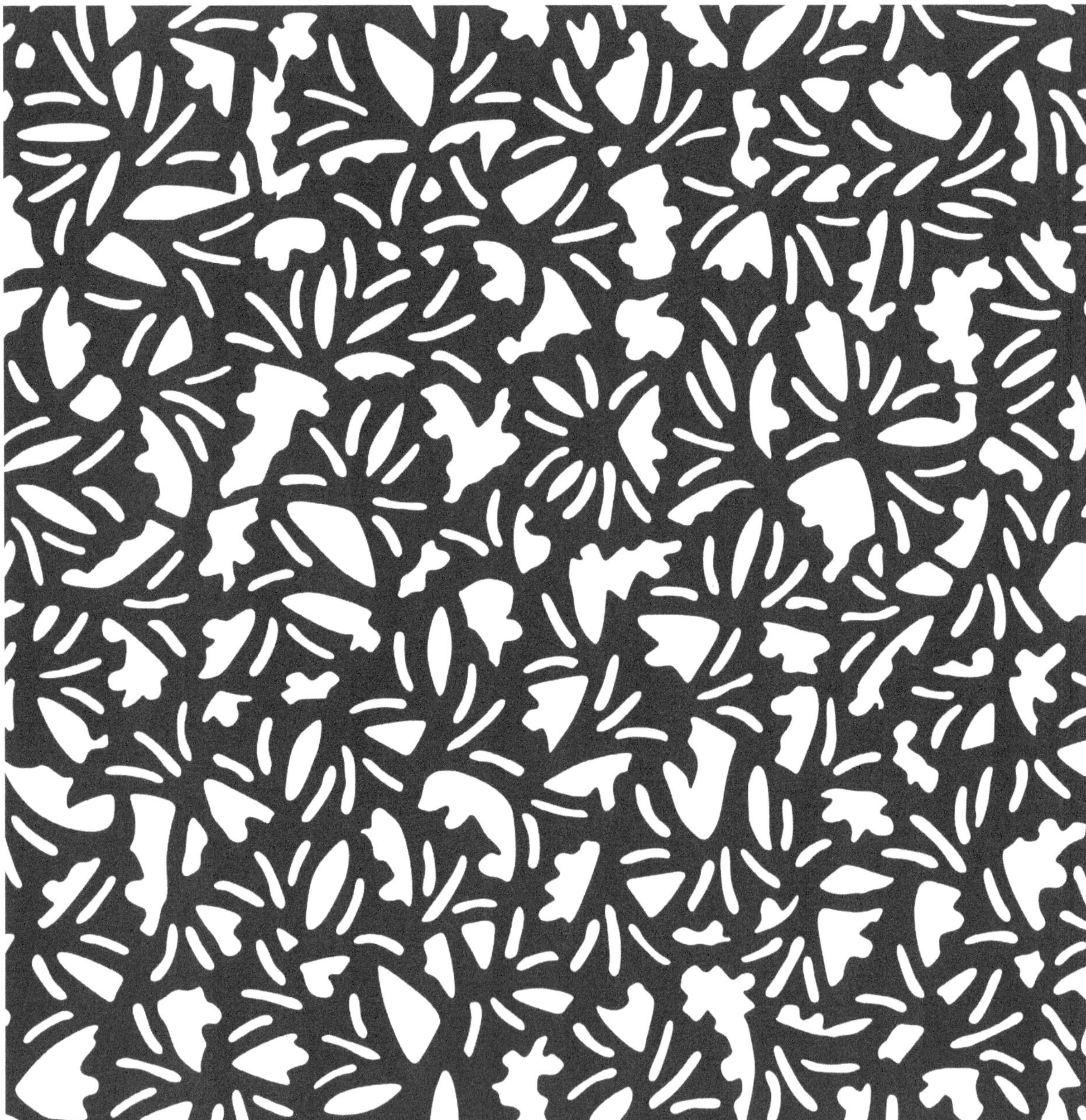

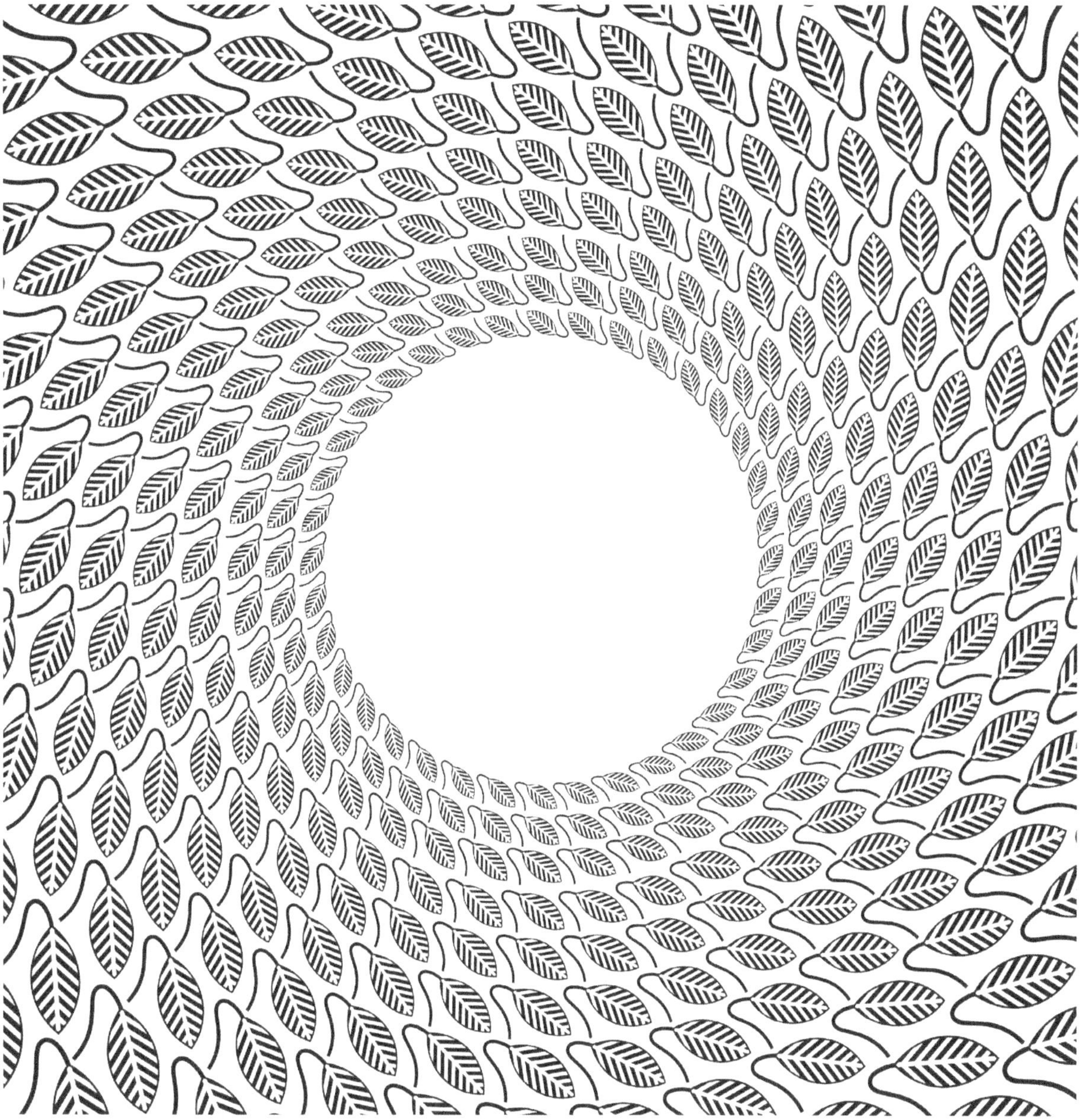

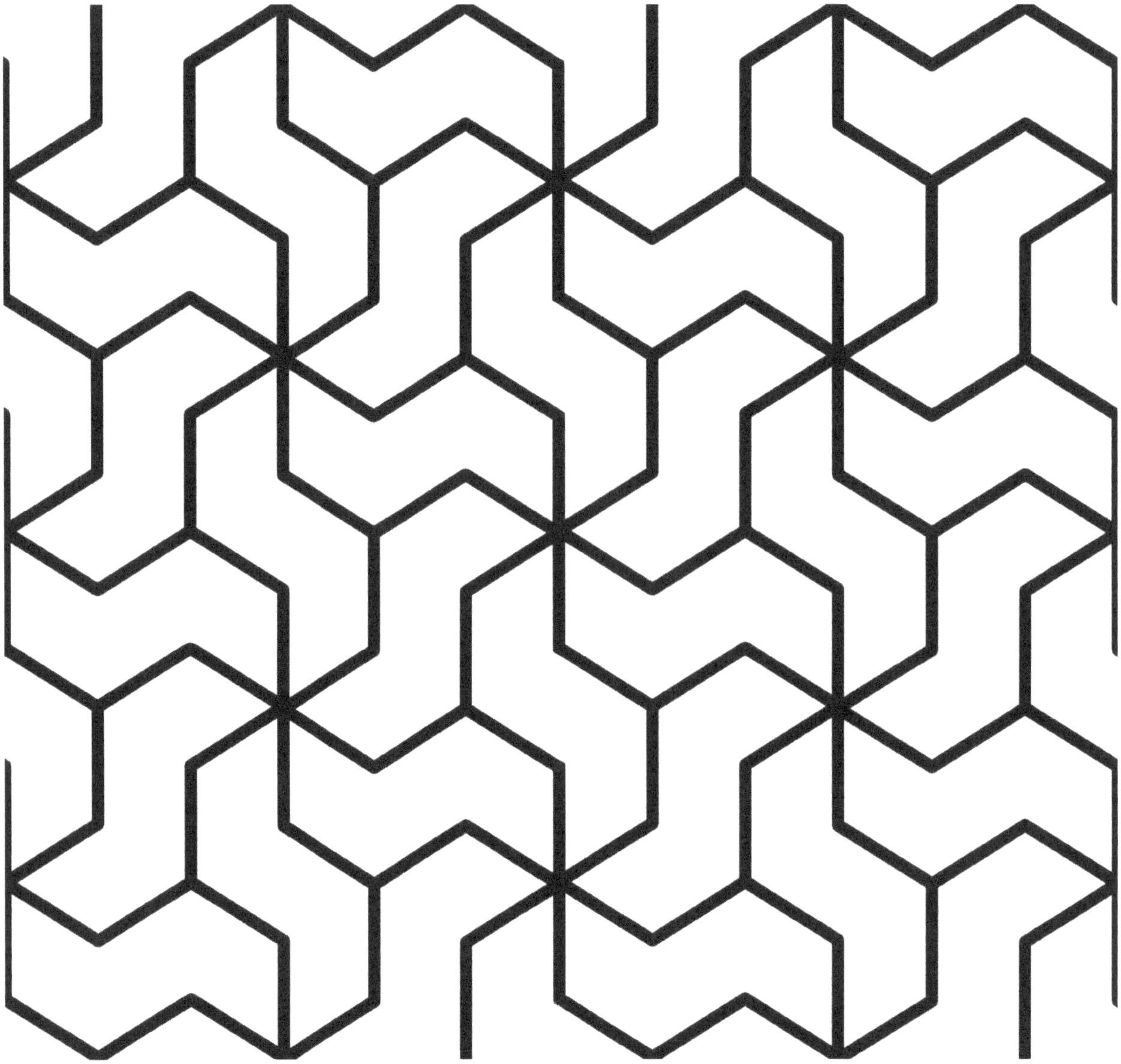

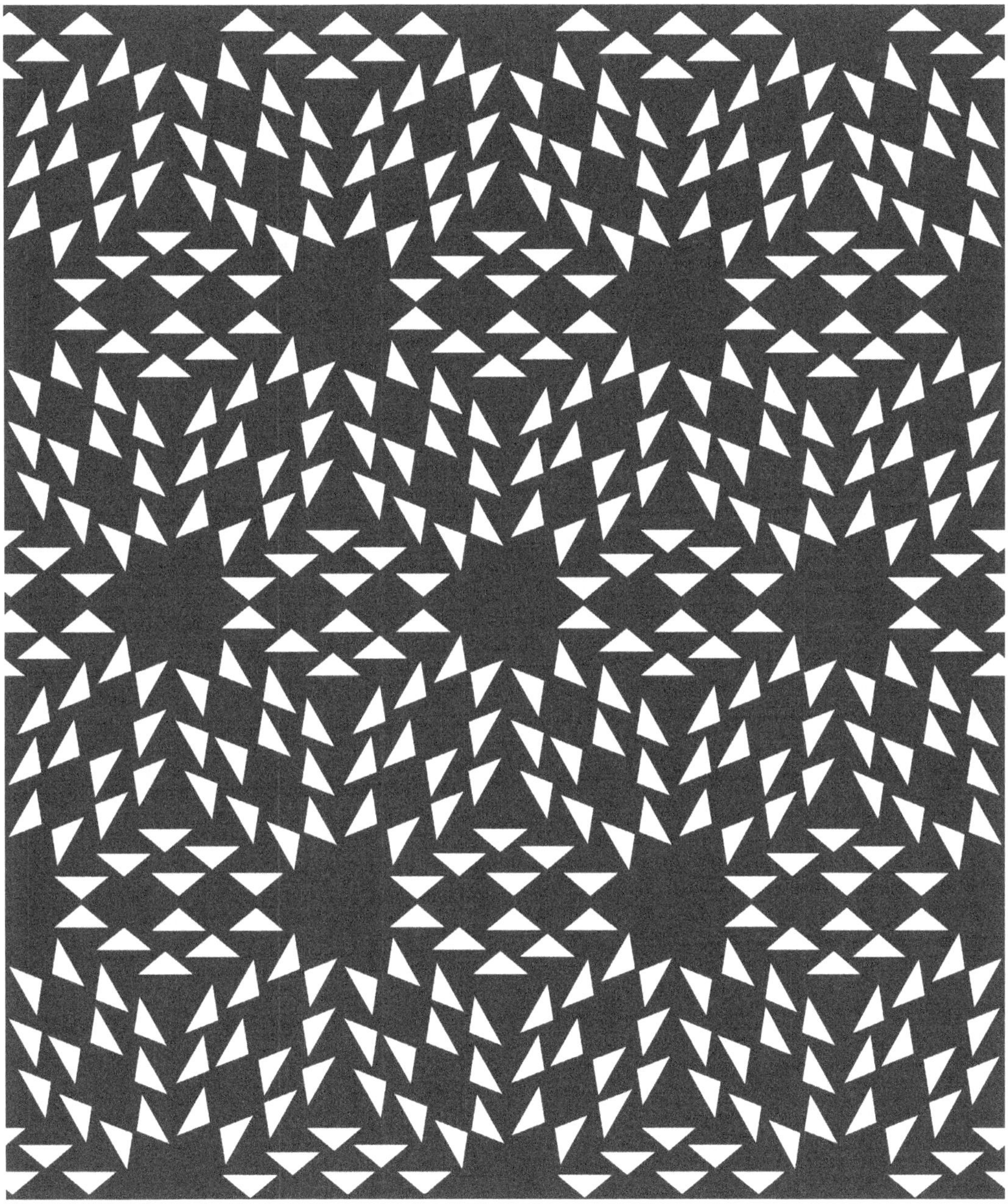

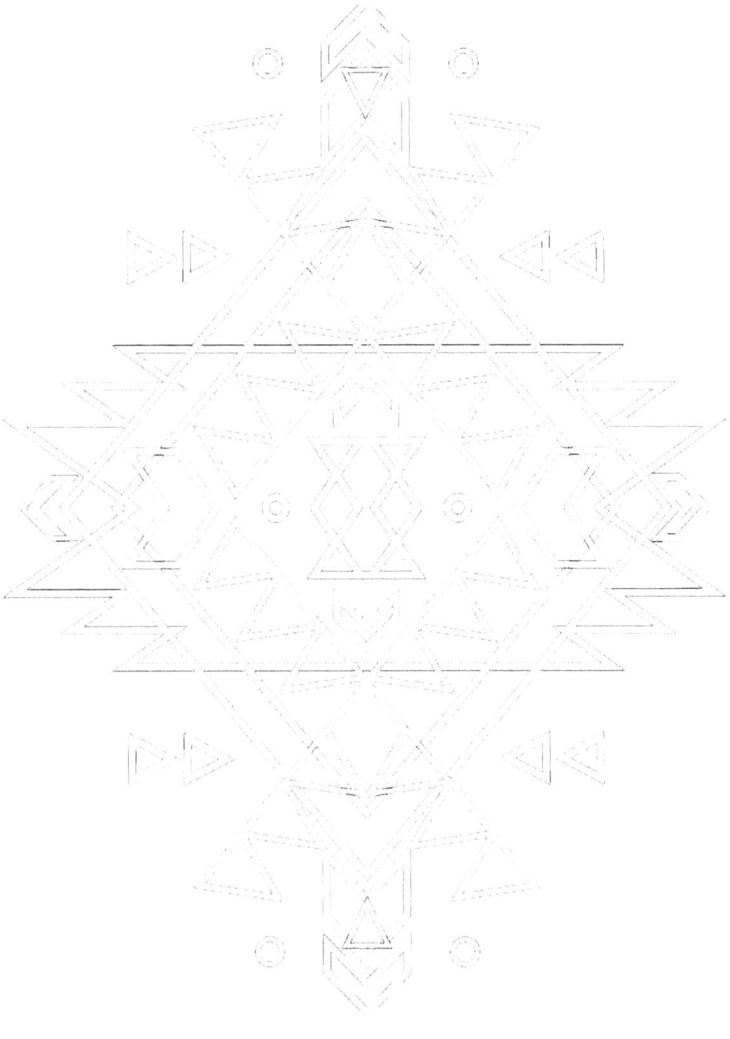

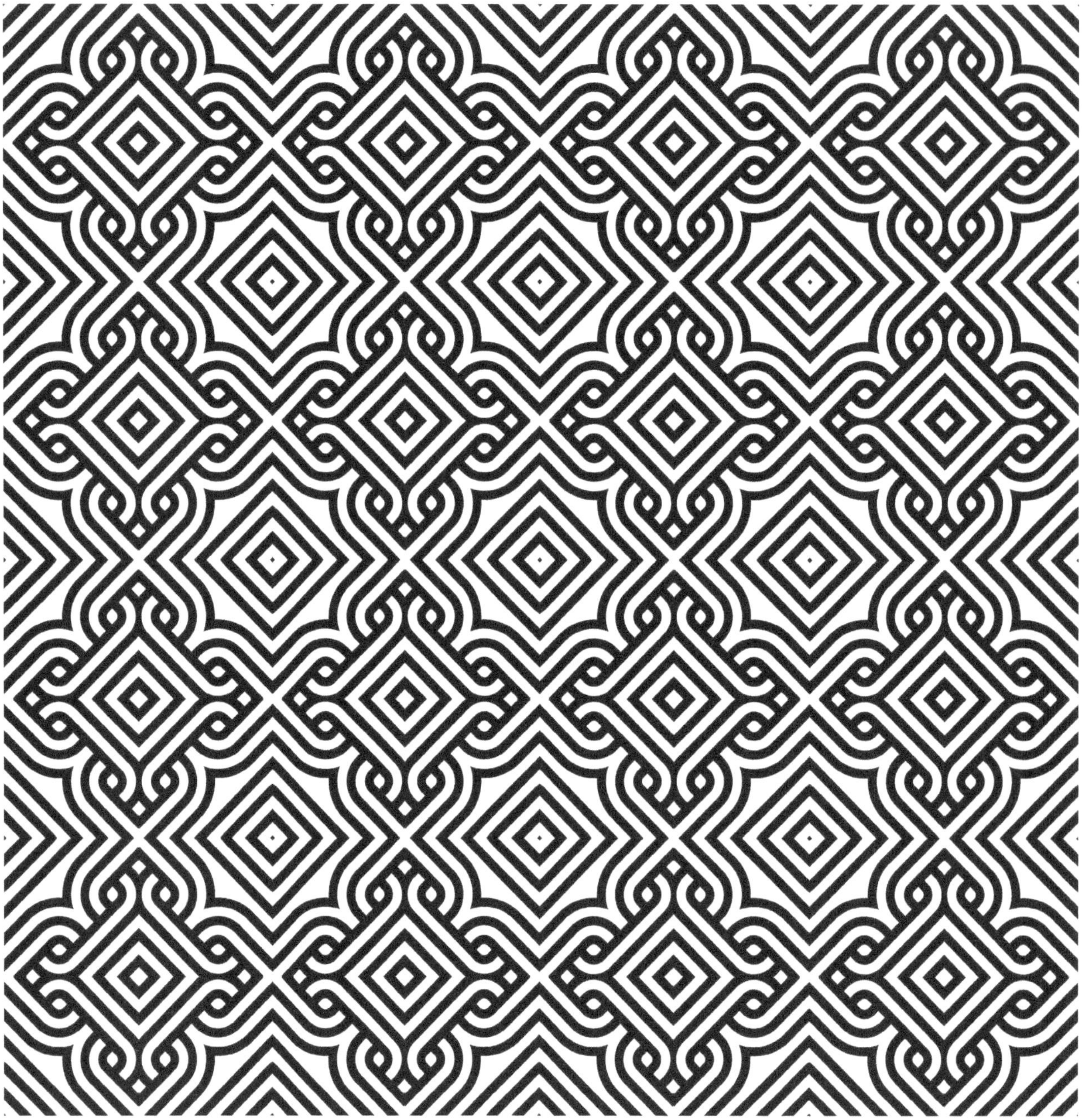